online- Vorlesung: Erfahrung und Ausblick

eine Innovations-strategische Betrachtung

Hans Kuebler

Copyright © 2014

All rights reserved.

ISBN: 978-1500931957

FÜR SOPHIES
WEG ZUR BETRIEBSWIRTSCHAFT

Vorweg bemerkt

Die Abhandlung ist auf den Gedankenfluss konzentriert; bewusst wurde der Bezug auf Literatur vermieden, da sich viele Feststellungen aus dem Allgemeinwissen ergeben und ausführliche Literaturabhandlungen den Text nur komplizieren würden. Der Autor bemühte sich um eine einfache und leicht verständliche Darstellung.

Das Buch, das sich auch wegen seiner Kürze zur Lektüre unterwegs anbietet, soll dem Praktiker und den an der Weiterentwicklung der universitären Lehre oder auch allgemein Interessierten eine einfache aber doch analytisch effiziente Methode aufzeigen, wie über die durch Innovationen verursachten weitergehenden Veränderungen in ihrem Umfeld nachgedacht werden kann.

Für Studierende soll es auch als Fallstudie dienen, so für Techniker, die sich für Innovationen interessieren, und für Betriebswirtschaftler, die sich mit den wichtigen technischen Aspekten einer Innovation befassen wollen. Der Autor will zusätzlich gerade für die Studierenden aufzeigen, dass Themen, die heute nur der Betriebswirtschaft zugeordnet sind, sich mit anwendungstechnischem Verständnis besser und effizienter abklären lassen. Das sollen die zwei Beispiele in diesem Buch exemplarisch aufzeigen.

Schließlich ist es dem Autor auch ein Anliegen, die positiven Erfahrungen mit online- Vorlesungen zur Diskussion zu stellen, bzw. ihre Eignung für ganz bestimmte Arten von Vorlesungen herauszuarbeiten.

Der Autor

Inhaltsverzeichnis

I   Wie kam es zur online- Vorlesung und in welcher Form wird sie angeboten

II   Erfahrungen mit der online- Vorlesung aus studentischer Sicht

III   Welche Vorlesungen eignen sich für online und welche nicht?

IV   Innovations- strategisch relevante Ergebnisse und deren Bedeutung

V   Vergleich mit einem historischen Innovationsgeschehen

VI   Bedeutung der Veränderung der wichtigen Wertschöpfungsstufen

VII   Folgerungen für online- Vorlesungen

VIII   "Spekulativer" Ausblick

IX   Zusammenfassung

Anmerkungen

I

Wie kam es zur „online- Vorlesung" und in welcher Form wird sie angeboten?

Da fuhr der Dozent wöchentlich nahezu 500 km, um an einer bekannten Universität während des Semesters eine Doppelstunde „Innovationsmanagement" zu lesen. Nach einigen Jahren - und inzwischen hatte sich das Manuskript verdichtet, waren die meisten Fehler erkannt und ausgemerzt - wurde es eine Routine, die zwar weiterhin mit Begeisterung erledigt wurde, aber dann doch zum Grübeln führte, wie diese unproduktive Fahrzeit reduziert werden könnte. Mit Unterstützung des Lehrstuhls wurde ein Pilot gestartet. Die im Homeoffice aufgezeichnete Vorlesung wurde im Hörsaal abgespielt und anschließend mit den Anwesenden diskutiert. Insgesamt war die Meinung: ‚Geht auch ganz gut, kein wesentlicher Unterschied zur normalen Vorlesung, aber ein bisschen monoton, wenn doch wenigstens mal in dem Büro das Telefon geläutet hätte!' Nun hatten der technische Assistent mit dem Dozenten zuvor sehr zeitraubend und anstrengend einen ankommenden Telefonanruf, der selbstverständlich mit aufgenommen worden war, aus der Aufzeichnung entfernt.

Das war eine interessante Lehre: Weder die sonstigen Improvisationen, noch die Folien oder die Größe der Abbildung des Dozenten (nur klein unten am linken Rand) wurden kritisiert, es war ganz einfach zu monoton.

Nach diesem ersten Experiment entwickelte sich die Vorstellung, Vorlesungsreserven anzulegen, um sie abzuspielen, falls der Dozent durch Krankheit oder durch einen großen Stau auf der Autobahn verhindert wäre. Einen Ersatzdozenten gab und gibt es nach wie vor nicht. Über die Zwischenstufe eines Blockseminars in der Woche vor Semesterbeginn kam dann die Idee auf, die Form des „blended learning" anzustreben. Das Blockseminar war einfach zu intensiv und ließ den Studierenden nicht genügend Zeit, den neuen Stoff auch zu verdauen. Vier Doppelstunden an einem Tag in einem Fach waren verwirrend dicht. Die Übungen - ein wesentlicher Teil der Vorlesung - konnten nicht ausreichend vorbereitet werden.

Andererseits war die konventionelle Vorlesung nicht effektiv - bekannt aus verschiedenen Untersuchungen 1*) - und dies wurde dem Dozenten bei jeder Vorlesung deutlich vorgeführt. Im Sommer war es heiß und die Luft wurde schlechter; die Fenster konnten nicht weit genug geöffnet werden, nach 20 Minuten sank der Aufmerksamkeitspegel deutlich, nach den ersten 45 Minuten war eine Auffrischung nötig, etwa ein lauter Peitschenschlag aus dem Lautsprecher oder eine lustige Folie oder sonst eine Idee. Im Winter war es nicht besser. Der Grund dafür kann beim Dozenten liegen. Das soll nicht ausgeschlossen werden, aber Anzeichen dafür wurden ihm nicht zugetragen, und dies wurde auch nie in der Bewertung der Vorlesung durch die Studenten - vielleicht aus Höflichkeit - genannt. Einen komplizierten und den Hörern bisher ganz unbekannten Stoff konzentriert und in kürzest möglicher Zeit zu vermitteln, schafft eben auch eine Monotonie alleine aus der angestrengten Konzentration.

Dann kam in einem Sommersemester vor einigen Jahren der Sprung ins Wasser: Alle Vorlesungen waren „in der Box". Es wurde entsprechend angekündigt und eine kleine, aber recht aufmerksame Gruppe von Interessierten hatte sich zur Vorlesung angemeldet. Sie wurde in folgende Form gegossen:

- Vorstellung und Einführung in das Thema (eine Doppelstunde in Präsenz)
- 6 Kapitel online- Vorlesung, die gesamten Grundlagen
- Nach ca. 4 Wochen dann die ersten Übungen mit zuvor ausgeteilten Fragen aus der beruflichen Praxis, für die dann methodisch untermauert, die Antworten gefunden bzw. ausdiskutiert werden mit fachlichen Hintergrunddarstellungen und, soweit es wirkliche Fälle aus der beruflichen Vergangenheit des Dozenten waren, auch die Darstellung was damals geschah und warum.
- Anschließend die nächsten 5 Kapitel an online- Vorlesung (beinhalten die wichtigen Methoden, die auf den o. g. Grundlagen aufbauen, bzw. diese benutzen)
- Nach wiederum ca. 4 Wochen Übungen II in Präsenz über diesen zweiten Teil der Vorlesung mit wiederum möglichst praxisrelevanten Fragen.
- Anschließend 2 bis 3 Wochen Zeit zur Vorbereitung der Prüfung (schriftlich und / oder

mündlich) sowie zur Vorbereitung einer bekannten Harvard Business Fallstudie, die stets vor dem Prüfungsmarathon zum Anwärmen angesetzt ist.

- Zum Abschluss die Prüfungen

Den Studierenden wird empfohlen, sich die Handouts (gezeigte Folien) auszudrucken; die Vorlesung selbst können sie nur vom Server abrufen, aber nicht auf ihr Endgerät herunterladen. Die online- Vorlesung wurde auf Hinweis einiger Student/Innen schrittweise ergänzt mit Lernerfolgsfragen, wie sie in Lehrbüchern üblich sind und mit einem Abkürzungsverzeichnis.

An dieser Form hat sich bis heute nahezu nichts verändert. Die Gewichte haben sich jedoch verschoben: Da nicht mehr die Vorlesungsstunden gezählt werden, konnten die Übungen intensiviert werden, die von den Teilnehmern vermutlich als der interessantere Teil der gesamten Vorlesung empfunden wird.

II
Erfahrungen mit der online- Vorlesung
aus studentischer Sicht

Nach Abschluss der Übungen II oder nach der Fallstudie gab es meist eine lockere Diskussion, wie denn online-Vorlesungen von den anwesenden Studierenden gesehen werden, was sie als hilfreich ansehen, bzw. was sie noch zusätzlich als nützlich betrachten. Es wurde auch diskutiert, wie Einzelne ganz unterschiedliche Wege zur Erarbeitung des umfangreichen Stoffs einschlagen.

Die oben genannte, vom Dozenten empfohlene Arbeitsweise stellte sich als eine von mehreren Möglichkeiten heraus. Manche gingen ganz anders vor; z. B. sie schauen die Handouts an und entscheiden dann, wo sie die Vorlesung ansehen wollen und wo sie mit den Handouts selbst zu Recht zu kommen. Dieses Vorgehen führte zu dem Verlangen nach einem Abkürzungsverzeichnis.

Die Studierenden fanden einen weiteren Einstieg in die Materie. Sie schauen sich zuerst die Lernerfolgsfragen mit den Handouts an und entscheiden dann, welche Vorlesungsteile sie durcharbeiten. Anders ausgedrückt: Ihr Weg, sich des Vorlesungsstoffs zu bemächtigen, kann individuell gewählt werden. Damit ist automatisch eine höhere Eigeninitiative vorhanden, alleine in der Überlegung, wie der Kandidat vorgehen möchte. Er wird sich einen Überblick verschaffen und sich Schwerpunkte auswählen. Wenn Teilnehmer auf die Konzentration beim online- Studium angesprochen, kommt stets die Antwort, dass die Konzentration bei dieser Form der Wissensvermittlung höher ist, als bei traditionellen Vorlesungen, weil:

- allein schon die Einwahl in das Programm höhere Aufmerksamkeit und mehr eigene Tätigkeit verlangt
- jederzeit bei Nachlassen der Konzentration die Stopptaste gedrückt und eine Pause eingelegt werden kann; eine Tasse Kaffee steigert ebenfalls die Konzentrationsfähigkeit

- schwierig verständliche Stellen wiederholt werden können
- bei Freund(in) angerufen werden kann, ob er/sie diesen Passus kennt und verstanden hat
- der Zeitpunkt des Lernens dem eigenen Biorhythmus angepasst werden kann
- so nebenbei auch mal die zu studierenden Themen im Internet recherchiert werden, was dann zu weiteren Fragen Anlass gibt und somit zu einer Vertiefung der angesprochenen Themata
- der Lernweg individuell ausgewählt werden kann
- auch Studierende Fahrtkosten und - Zeiten haben, die sie reduzieren können (wurde häufig als Vorteil genannt)

Mit der Mischung von Präsenzveranstaltungen und dem online- Abruf der Vorlesungen wird den Teilnehmern in den Übungen selbst erkennbar, wie gut sie sich vorbereitet haben und inwiefern sie den Vorlesungsstoff beherrschen. Insbesondere bei den Übungen mit Fragen nach Antworten oder bei der Behandlung von Fallstudien kann jeder Teilnehmer für sich erkennen, wo er steht mit seinen Kenntnissen im Vergleich zu den Kommilitonen steht, die sich melden und gute Antworten geben. Diesen Vergleich in der Gemeinschaft zu erahnen, erscheint mir wichtiger zu sein, als gemeinsam in der Vorlesung der reinen Wissensvermittlung zu sitzen.

In jeder Präsenzveranstaltung weist der Dozent darauf hin, nicht bis zur letzten Minute vor der Prüfung mit dem Studium der Materie zu warten, denn es handelt sich um einen anderen gedanklichen

Ansatz als denjenigen, der ihnen aus anderen Fächern vertraut ist; deshalb benötigen sie Zeit, die Vorlesungsinhalte gedanklich zu verarbeiten.

Der oben geschilderte Vergleichsprozess der Teilnehmer unterstützt diesen Motivationsruf.

Mit Einführung der inzwischen wieder abgeschafften Studiengebühren sank die Anzahl der Interessierten an dieser (damals noch konventionellen) Vorlesung in etwa auf die Hälfte der Anzahl aus der Zeit ohne Studiengebühren. Mit Bekanntwerden der online-Vorlesung sprang die Zahl der Interessenten um ein mehrfaches hoch, Auswahlverfahren und Wartelisten mussten eingerichtet werden.

Bei der traditionellen Vorlesung waren etwa 10 % der Prüfungskandidaten gezwungen, im Folgesemester die Prüfung zu wiederholen. Seit Einführung der online-Vorlesung hat sich der Anteil der richtig guten Absolvent/Innen erhöht, die Anzahl der Wiederholer ist sehr gering; also irgendwie erscheint online- Studium für die Kandidat/Innen effizienter zu sein. Auch ist die Studentenbewertung des Dozenten besser als zuvor.

Nach diesen Erfahrungen lese ich mit besonderem Interesse Zeitungsartikel über online-Vorlesung, wenn dann dargelegt wird, dass dies ja eigentlich nur für wenige Fächer sinnvoll sein könnte und den dringend erforderlichen Kontakt unter den Studenten nicht fördern würde und deshalb von solchen Neuerungen abzusehen sei. Dabei vermitteln solche Artikel nicht, dass die Autoren aus eigener Erfahrung schreiben, sondern eher von der theoretischen Seite die Gefahr wittern, dass sich mit online auch an den Universitäten etwas ändern könnte.

Zu beobachten ist, die meisten Hörer/Innen kommen als Gruppen in die Präsenzveranstaltungen. In der Vorlesung wird explizit empfohlen, gemeinsam zu lernen und sich gegenseitig die neue Materie zu erklären, insbesondere, wenn etwas unklar ist. Beim heutigen Kommunikationsverhalten der jungen Generation ist mir nicht einsichtig, dass Präsenz in den Wissen vermittelnden Vorlesungen die Kontakte untereinander verbessern würde.

Diese Gemeinsamkeit des Erlebens - der Hauptunterschied zwischen konventionell und online - führt damit zur Frage, für welche Arten von Vorlesungen sich online besonders eignet und für welche weniger oder gar nicht.

III

Welche Vorlesungen eignen sich für online und welche nicht?

Für viele Studiengänge reicht das theoretische Wissen auf Abiturniveau nicht aus, um an den aktuellen Themen der Wissenschaft oder der Forschung mitarbeiten zu können. Meist geht es um Grundlagenfächer in technischen und mathematischen Studiengängen; aber auch in der Medizin, Pharmakologie, in Wirtschaftsstudien und bei Sprachen werden Vorlesungen zu finden sein, die sich inhaltlich über die Zeit wenig verändern können, da es sich um seit längerer Zeit bestehendes Grundwissen handelt. Diese Kenntnisse müssen von den Studierenden einfach gelernt und verstanden werden, bevor das Studium an dem aktuellen Stand der Wissensschaft, bzw. das qualifizierte Mitdenken beginnen kann. Das Ausmaß dieser Grundlagenfächer ist für jeden Studiengang unterschiedlich. Vorlesungen, die diese Grundlagenfächer behandeln, sind nach Ansicht des Autors für online- Vorlesungen sehr geeignet, insbesondere wenn sie mit Übungsaufgaben oder Seminaren in kleineren Gruppen ergänzt werden. Das schriftliche Einreichen der Ergebnisse von Übungsaufgaben ist ebenfalls sinnvoll, aber es fehlt die direkte Kommunikation in der Diskussion des Lösungsweges, insbesondere wenn dieser etwas komplizierter erscheint. Beide Formen der Arbeit mit Übungen können sich ergänzen..

Vorlesungen zu aktuellen Themen etwa in Politik, Wirtschaft, Philosophie etc. können Erlebnisse sein, die nicht so lebendig mit einer online-Vorlesung vermittelt werden. Solche Vorlesungen, über die noch längere Zeit danach mit Begeisterung gesprochen wird, lassen sich zumindest online archivieren bzw. dann über das Internet einer weiteren Zuhörerschaft zugänglich machen 2*).

Vorlesungen, die inhaltlich den Stand der aktuellen Forschung berühren oder gar behandeln, sind aus Sicht des Autors weniger für online geeignet, da sie sich inhaltlich weiter entwickeln und zu selbstständigem Denken anregen sollen, dem eigentlichen Ziel eines Studiums. Dabei ist der direkte

Persönlichkeitsfaktor des Dozenten vermutlich wichtig.

Diesem Gedanken folgend lautet die Kurzformel für die Eignung bzw. Nichteignung von online-Vorlesungen wie folgt:

- Für reine oder primäre Wissensvermittlung ist online geeignet und effizienter als traditionelle Vorlesungen

- Vorlesungen, die primär in den jeweiligen Fachgebieten das selbstständige Denken auf dem entsprechenden wissenschaftlichen Niveau initiieren oder unterstützen sollen, sind für online-Vorlesungen weniger geeignet. Dazu gehören auch die Vorlesungen zu aktuellen Themen, da sie selbstständiges Denken fördern. Online kann jedoch wertvolle Unterstützung leisten für die Archivierung, für die Zugänglichkeit weiterer Hörerkreise, für Anteile, die nur Vermittlungs-Charakter beinhalten. Anders ausgedrückt: Die neue Technologie der online- Vorlesung ist noch in Bewegung und Entwicklung. Sie wird sich auch dahin entwickeln, solche Wissensvermittlungen, die das selbstständige Denken fördern sollen, zu unterstützen.

Somit kann die online-Vorlesung zukünftig an Universitäten eine große Verbreitung und Bedeutung bekommen. Auch wenn die Idee von online-Vorlesungen nicht neu ist, so ist sie doch mit dem heutigen Stand der Technik - insbesondere der Endgeräte - als eine Innovation durch neue Technologie im geschäftspolitischen Sinne aufzufassen. Somit liegt nahe, mittels einer Innovations- strategischen Betrachtung zu versuchen, weitere Erkenntnisse zu erhalten, etwa in welcher Richtung und welchem Ausmaß sich Veränderungen ergeben können.

IV
Innovations- strategisch relevante Ergebnisse und deren Bedeutung

Zunächst zum Begriff „Innovations- strategisch": Effizientes Führen von innovativen Geschäften bedarf weniger der traditionellen Führungsmethoden der Betriebswirtschaft (Zielvorgabe, Verantwortung, Kontrolle), als die der strategischen Analyse zu Markterfolg und Wettbewerbspositionierung, deren Entwicklung in den 70'er Jahren des letzten Jahrhunderts begann. Dabei gibt es Methoden, die sich besonders für technisch bedingte Innovationen eignen. Zunächst wird die Zielvorstellung, die mit einer solchen Innovation erreicht werden soll, als bereit existent angenommen. Danach wird nachgefragt, warum jemand dieses neue Produkt oder diesen neuen Dienst kaufen, bzw. nutzen soll, welchen Vorteil er dadurch gewinnt. Und wer denn dieser Jemand ist oder sein kann.

Den oben erwähnten Gedanken folgend, inwiefern ein online- Studium die Universität eventuell verändern könnte, soll - wie eben bei anderen Innovationen auch - gedanklich davon ausgegangen werden, dass sie schon realisiert ist. So kann methodisch unterstützt überlegt werden, welche Auswirkungen dies auf die Universitätslandschaft haben könnte. Das klingt zunächst etwas hypothetisch, in der Praxis hat sich dieses Vorgehen jedoch bewährt.

Um nicht umfassend auf Methodenlehre hier eingehen zu müssen, sollen nur die wenigen ganz entscheidenden Ansätze angedeutet und in erster Linie an Hand eines Beispiels aus der Vergangenheit erklärt werden. In analoger Weise soll in Folge die Vorstellung eines online- Studiums beleuchtet werden.

Als erstes, nachdem ein gedankliches Bild einer Neuerung geschaffen wurde, ist die derzeitige Handhabung mit dem zu vergleichen, was mit dieser Neuerung verändert werden soll:

1. Ist die angedachte Neuerung als Produkt, System, Applikation vermutlich billiger oder teurer im Preis für den/die Anwender. Besteht ein Kostenvorteil in der Erbringung dieser Neuerung
2. Hat der Nutzer der Neuerung deutliche Vorteile, die er auch wirklich nutzen will. Wird z. B. mit der Neuerung eine Leistungs- oder Effizienzsteigerung erreicht?

In einer solchen zweidimensionalen Matrix mit den verschiedenen Kombinationen gibt es Vorteile, Gleichstand und auch Rückschritte. Uns interessieren hier nur die Vorteile zumindest für bestimmte Anwendungen, die z. B. darin liegen, dass eine Neuerung zwar teurer ist als die bisherige

Lösung, aber auch eine höhere Leistung erbringt und damit insbesondere im Hochleistungssektor zum Einsatz kommen könnte - was dann auch bezüglich der damit verbundenen Nachteile genauer zu untersuchen ist. Oder dass die Neuerung eine kostengünstigere Lösung bei geringerer Leistungsfähigkeit darstellt. Auch in diesem Fall würde man untersuchen, ob ein neues, „verteidigbares" Billigsegment im Wettbewerb entstehen kann.

Es kann sich jedoch auch ergeben, dass die Neuerung sowohl billiger als auch leistungsfähiger wird. Das ist insbesondere mit dem Einsatz einer neuen Technologie möglich. Und dann wird es interessant, denn viele Beispiele aus der Praxis zeigen, dass dies zu einer grundsätzlichen Umwälzung in der Branche führt. Da lohnt es sich wirklich, genauer hinzuschauen.

Wo wäre das online- Studium einzuordnen? Nach Darlegungen in den Abschnitten zwei und drei ist davon auszugehen, dass die online- Vorlesung den Nutzern für bestimmte Einsatzgebiete nützlicher weil effektiver ist, als die konventionelle Vorlesung. Dies wurde auch während einer Übung abgefragt und gerade in Bezug auf die Einordnung dieser online- Vorlesung als neue Technologie von den anwesenden Studenten voll bestätigt. Aber wie sieht es mit den Kosten aus? Zunächst ist die Vorinvestition in die Vorlesung selbst und bis sie dann vorzeigbar aufgenommen ist (manchmal wird mehr als nur ein Anlauf benötigt) etwas größer und damit teurer. Zudem sollte eine online-Vorlesung kompletter sein als eine traditionelle, um deren Vorteile auch voll nutzen zu können. So sind Lernerfolgsfragen und eine Liste der Abkürzungen sehr zu empfehlen, wie auch - sofern vorhanden - Beispiele aus der Praxis, die mit auf den Server geladen werden können – nahezu wie bei einem Lehrbuch.

Die weiteren Kosten, wie Server, Wartung des Systems, technische Betreuung, sind deutlich geringer im Vergleich zu der Zeit von Dozenten mit Reisekosten und Kosten der Nutzung von Räumen und dem Zeitaufwand, diese Vorlesungen so zu arrangieren, dass sie sich nicht überschneiden, dass Hörsäle verfügbar sind etc. Da die Lern- Effizienz der online-Vorlesung von den Nutzern gegenüber der traditionellen als überlegen angesehen wird, könnte sich gerade in den ersten Semestern eines Studiums auch die z. T sehr hohe Anzahl an Studienabbrechern verringern – ein gewiss hoher Kostenfaktor in einer Gesamtbetrachtung. Die weitgehende Entkopplung von Wissensvermittlung und Präsenz reduziert die Komplexität des Systems Studium enorm. Insgesamt dürfte, sofern das neue System eingefahren und eingeübt ist, ein erheblicher Kostenvorteil entstehen, auch unter Berücksichtigung von Mehraufwand für verstärkte Seminarangebote.

Zur weiteren Betrachtung wird von der gedanklichen Vorstellung eines voll ausgebauten online-Studiums in der Form des „blended learning" ausgegangen. Um dann zu überlegen, in welcher Weise dies zu einer Veränderung der Branche führen kann, wegen der Kombination des Fortschritts zu höherer Leistung bei niedrigeren Kosten.

Es gibt viele Beispiele für die Veränderung ganzer Branchen durch technologischen Fortschritt.

Die Technik der Telekommunikation hat sich in den vergangenen 40 Jahren rasant entwickelt und wird weiterhin auf absehbare Zeit rasant fortschreiten. Warum nicht ein Beispiel aus der Vergangenheit dieser Branche wählen, um dieses analytische Vorgehen aufzuzeigen.

V
Vergleich mit einem historischen Innovationsgeschehen

Einer der markantesten Technologiesprünge in der Telekommunikation war die Einführung digitaler Vermittlungsstellen anfangs der 80'er Jahre des letzten Jh. Dabei wurden die mechanischen Kontaktgeber der analogen Technik für die Durchschaltung der Telefongespräche durch elektronische Speicher und Software ersetzt. Es war eine sehr große Anstrengung für die Hersteller, diese neue Technologie zu entwickeln. Dabei konzentrierten sich alle Entwickler auf die Themen, die letztlich das neuartige Vermittlungssystem zum korrekten Arbeiten brachten. Die Telefongesellschaften stellten rasch auf diese neue Technik um. Schon zwei Jahre nach der Bestellung der ersten digitalen Vermittlungsstelle in den USA wurde keine analoge mehr bestellt, nicht einmal Erweiterungen bestehender Einrichtungen, denn die digitale Technik war nicht nur viel leistungsfähiger, sondern auch wesentlich billiger herzustellen. Ganz neue Möglichkeiten ergaben sich für den

Datenverkehr – undenkbar in der analogen Kommunikation. Das „besser und billiger" hatte voll zugeschlagen. Eine Reihe von Anbietern traditioneller Vermittlungsanlagen konnte diese neue Technik nicht rasch genug entwickeln; sie blieben auf der Strecke.

Zunächst bestand die Ansicht, dass jede analoge Vermittlungsstelle 1:1 durch eine digitale ersetzt werden wird; das schien schon das bestehende Kabelnetz nicht anders zuzulassen. Ein Team von Strategen begann nicht nur über technische Details der neuen Technik nachzudenken, sondern auch über den Einsatz im Netz. Und schon nach etwas über zwei Jahren konnte mittels Analysen und durchgerechneter Netzstrukturen nachgewiesen werden, dass sich das Netz insgesamt stark verändern wird. In der analogen Welt gab es viele kleine Vermittlungsstellen, die den örtlichen Telefonverkehr mit den Teilnehmern handhabten. Das gesamte Netz bestand bis zu 5 Hierarchiestufen.

In der digitalen Welt, so ergab es die Analyse, ist es sinnvoller, den Verkehr vom und zum Teilnehmer über Konzentratoren zu sammeln, die in der analogen Technik praktisch nicht existierten. Auch ermöglichte die neue Technik wesentlich größere Vermittlungsämter, die Software eröffnete stark erweiterte Funktionen in der Verkehrsleitung, so blieben von den bis zu 5 Hierarchiestufen nur noch zwei übrig, nämlich die Ebene zur Handhabung des örtlichen Verkehrs und die Ebene des Fernverkehrs, der auch den internationalen Verkehr mit steuerte. Mit dem Durchbruch der Lichtwellenleiter, die die Nachrichtenkupferkabel ersetzten, wurde dieser

Effekt noch verstärkt. Das Netz wurde konzentriert, was insgesamt zu einer wesentlichen Kostenreduzierung im Betrieb des Netzes führte, wie auch zu einer wesentlich Verkürzung der „Transaktionszeit", weswegen Telefongespräche viel rascher aufgebaut oder die PIN- Nummer der Scheckkarte am Terminal im Laden in Sekunden überprüft wird.

Das Team, das diese Analysen erstellte benötigte dazu die oben genannten etwa 2,5 Jahre bis der dann sehr erfolgreiche Hersteller diese Erkenntnis als erster in der Branche so richtig zu seinem Geschäftserfolg nutzen konnte. Heute sind die Innovations- spezifischen strategischen Werkzeuge weiter entwickelt. Heute würde eine oder vielleicht zwei erfahrene Personen mit dem notwendigen technischen Grundverständnis noch eine halbe Stunde bis vielleicht eine halben Arbeitstag benötigt werden, um zu diesem Ergebnis zu kommen. Wenn damals jedoch nicht im Detail gerechnet, sondern strategisch methodisch gearbeitet worden wäre, hätte eine Entgegnung, dass diese Veränderung des Netzes zwar möglich wäre, aber eine hoch spekulative Annahme sei, nicht entkräftet werden können Insofern war die ganze Mühe dieses Teams dann doch sinnvoll gewesen. Es war für alle verständlich und methodisch einfach zu erklären.

Trotzdem, welche Überlegung führt denn so viel rascher zu der gesuchten und halbwegs gesicherten Erkenntnis, die der des intensiv arbeitendem Teams entspricht?

VI
Bedeutung der Veränderung der wichtigen Wertschöpfungsstufen

Der Titel des Abschnitts deutet schon darauf hin: In jedem Produkt, System, Anlage, Applikation gibt es wenige Funktionen, die wesentlich dazu beitragen, dass das Produkt, die Anlage, das System so funktioniert, wie es von ihm erwartet wird.

Erstaunlicherweise wird in der allgemeinen Literatur zu Innovationen nur selten und eher am Rande auf die Wertschöpfung selbst und ihre innovationsbedingte Veränderung eingegangen. Deshalb zuerst ein bisschen Methodik:

Für den Begriff Wertschöpfung gibt es viele Definitionen in der BWL; für Strategen ist folgende Definition am sinnvollsten, da sie im wahrsten Sinne des Wortes auch den gestiegenen Wer einer Ware bestimmt: am Markt erzielbarer Verkaufspreis abzüglich der Materialkosten. Sind die gesamten Kosten der gesamten Verarbeitung (einschl. Verwaltung, Entwicklung, Marketing etc.) höher als die erzielbare Wertschöpfung, dann ist das Produkt ein Verlustbringer, ist die Wertschöpfung höher als die Kosten dieser o. g. Verarbeitung, dann wird mit Gewinn gearbeitet.

Aus diesem Block der Wertschöpfung gibt es verschiedene „Stufen" einerseits nach den betrieblichen, andererseits nach den Produkt-spezifischen Funktionen. Die ausgeprägten

Innovationen mit dem Ergebnis, das Produkt „preiswerter und leistungsfähiger" zu gestalten, sind meist durch einen Technologiesprung begründet. So auch in der Vermittlungstechnik, von analog zu digital. Dabei erfolgt die wichtige Funktion des „Durchschaltens der Verbindung" (bzw. des „Koppelnetzes") auf den richtigen Teilnehmer auf der anderen Seite der Leitung technisch in ganz anderer Weise. Und wenn wir nun die analoge mit der digitalen funktionalen Wertschöpfungsstufe „Koppelnetz" vergleichen, dann ergibt sich eindeutig - wie oben schon erwähnt - die technische Überlegenheit der digitalen Technik, weil sie wesentlich billiger und leistungsfähiger ist.

Wenn eine wichtige technische Komponente in einem System wie einem Kommunikationsnetz plötzlich wesentlich leistungsfähiger und kostengünstiger wird, dann wird sie logischerweise wohl auch häufiger eingesetzt. So auch im Teilnehmer- nahen Netz: Ein analoges Koppelnetz war viel zu kostenintensiv, um es als Konzentrator einzusetzen, da war es sinnvoller gleich eine ganze Vermittlungsstelle hinzusetzen, um nicht denselben Verkehr nochmals durch ein Koppelnetz führen zu müssen. Deshalb gab es im analogen Netz praktisch kaum Konzentratoren. Ganz anders im digitalen, da kostet das „Koppelfeld" ja fast gar nichts, dafür sind die Grundkosten für eine Vermittlungsstelle etwas höher, dann auf einmal lohnen sich die digitalen Konzentratoren. Betrachtet man die technologisch bedingte Veränderung in der wichtigen Wertschöpfungsstufe, wird sofort klar, wo die Reise hingeht.

Ähnliche Überlegungen gelten für die Fernverkehrsebenen: In der analogen Welt waren die Vermittlungsstellen in ihrer Größe durch die relative geringe Leistungsfähigkeit des Koppelfeldes beschränkt, denn je größer das Koppelfeld, desto komplizierter wird es. Digitale Koppelfelder haben diese Problematik nicht, es können also wesentlich größere Vermittlungsstellen betrieben werden bei geringeren Betriebskosten. Zudem erfolgt die Verkehrslenkung (das „Routing") im klassischen analogen Netz mechanisch im Koppelfeld selbst, wogegen dies im digitalen Koppelfeld durch Software geschieht. Software ist wesentlich flexibler, Variantenreicher, leichter zu verändern etc. als mechanische Lösungen, deshalb werden auf der Fernverkehrsebene die im analogen Netz über mehrere Ebenen verteilte Routingfunktionen auf nur noch eine Ebene reduziert, das Netz wird konzentriert, anstatt bis zu 5 Ebenen nur noch 2!

In Summe hätten wir uns viel Arbeit sparen können, wenn wir uns anfangs um diese Veränderungen der wichtigen Wertschöpfungsstufen gekümmert hätten, um dann festzustellen, welche grundsätzlichen Veränderungen im gesamten Telekommunikationsnetz anstehen werden.

VII
Folgerungen für ein "online- Studium"

Die Entkopplung der wichtigen Wertschöpfungsstufe der Wissensvermittlung von der Anwesenheit an einem bestimmten Ort zu einer bestimmten Zeit zeigte sich nach den bisherigen Überlegungen als leistungsfähiger, unkomplizierter und kostengünstiger. Bei einer Universität handelt es sich nicht um ein Unternehmen im freien Markt, das seine Wettbewerbsfähigkeit täglich beweisen muss, sondern um eine staatliche Institution mit vielen Regulierungen, die eine Veränderung erschweren. Allerdings war die Telekommunikation vor 40 Jahren in vielen Ländern ebenfalls staatlich, so auch in Deutschland. Und trotzdem hat sich sehr rasch vieles verändert, mit durch die neuen technischen Möglichkeiten!

Zur weiteren Überlegung soll zunächst davon ausgegangen werden, dass auch hier die Gesetze des Marktes und des Wettbewerbs gelten; die regulierungsbedingten Einschränkungen können wir, sofern relevant, gegebenenfalls anschließend betrachten.

Jede Studentin und jeder Student können sich ihr Studium und ihr Semester weitgehend selbst organisieren; sie müssen nur auf die erforderliche Präsenzzeiten achten. Er/Sie profitiert damit insofern, als Wege- und Wartezeiten geringer werden; sie organisieren sich zeiteffizienter. Überlappungen von Vorlesungen die „simultan" gehört werden sollten, entfallen. Der Nebenjob kann leichter mit dem Studium in Einklang gebracht werden. Der Studierende hat die Möglichkeit sich einzelne Vorlesungen, an denen er interessiert ist, vorab anzusehen, ob sie auch seinen Erwartungen entsprechen. Insgesamt übernimmt er für sein Studium damit mehr Verantwortung.

In etlichen Studiengängen werden einzelne Vorlesungen nicht in jedem Semester angeboten, sondern nur in jedem zweiten oder gar in jedem vierten. Das kann im Studienverlauf zu Komplikationen und Verzögerung des Abschlusses führen. Mit online wäre dies zumindest leichter zu beherrschen bzw. Alternativen könnten angeboten werden. Die erhöhte Flexibilität wirkt entspannend.

Die Anzahl an Großveranstaltungen mit hunderten von Studierenden im Hörsaal wird stark abnehmen. – weder für die Jugend noch für die Dozenten vergnügungssteuerpflichtig. Dagegen können Übungen in kleineren Gruppen intensiviert werden, in denen dann gemeinsam gearbeitet wird. Trotz dieses moderaten Mehraufwandes entfallen viele Kosten auf Seiten der Universität, wie oben beschrieben. In Arbeitszimmern könnten PCs zur freien Verfügung für den Abruf (und vielleicht nur dafür) zur Verfügung stehen, sodass die Wissbegierigen, die in Ihrer Unterbringung nicht so gute Arbeitsbedingungen haben, dort arbeiten können.

Der Lehrplan kann auch inhaltlich flexibler gestaltet und mit einem breiteren Spektrum angeboten werden. Mit der Intensivierung von Übungen oder Fallstudien wird der Lernerfolg unterstützt und auch den Studierenden verdeutlicht, weswegen die Beherrschung einer bestimmten Disziplin sinnvoll ist. Zum obligatorischen Lehrmaterial einer Vorlesung können zusätzlich fakultative Teile angeboten werden oder ein Link zu wichtigen Literaturstellen oder anderen Informationsquellen bereitgestellt werden, die dann in den Lernprozess mit einfließen.

Die höhere Flexibilität, der größere Zwang zur Selbstorganisation und die damit gestiegene eigene Verantwortung der Studierenden entfernt sie davon, nur einem relativ genau vorgeschriebenen Weg oder Rhythmus im Semester zu folgen. Ich vermute jedoch, dass dies nicht nur die Motivation für das Studium erhöhen wird, denn das Mitlaufen wie in der Schule klappt dann nicht mehr, sondern auch ein wichtiger Beitrag zum „selbstständigen Denken" wird, das durch die online-Vorlesung nochmals von einer anderen Seite unterstützt wird.

Die Weiterbildung für Berufstätige an der Universität würde intensiviert, insbesondere wenn auch Prüfungen mit absolviert werden können, was heute bei einigen Universitäten nicht zugelassen ist. Die Erwachsenenweiterbildung wird mit der Entwicklung der Alterspyramide eine immer wichtigere gesellschaftliche Aufgabe.

Dozenten verlieren weniger Zeit mit Vorlesungen, die sie in jedem oder jedem zweiten Semester in nahezu gleicher oder wenig veränderter Form halten und haben dafür mehr Zeit für Forschung und Publikationen. Solche online-Vorlesungen können auch als „Publikationen" gewertet werden. Damit würde in der üblichen Beurteilung von Dozenten die Lehre etwas aufgewertet werden. Dies betrifft insbesondere Vorlesungen über Spezialthemen, die neu erarbeitet wurden.

Mit der Effizienzsteigerung der Wertschöpfungsstufe „Wissensvermittlung" müsste logischerweise auch die Studiendauer eher zu reduzieren sein und der Berufseinstieg könnte etwas früher erfolgen - ein Schritt der Annäherung an die Ausbildungsdauer in anderen westlichen Ländern. Auch dies wäre gesellschaftspolitisch positiv.

VIII
Spekulativer Ausblick

Bisher wurden die direkten Auswirkungen aus Sicht der Studierenden und der Dozenten betrachtet. Doch - ähnlich dem Wandel im Telekommunikationsnetz mit dessen Folgen - gibt es vielleicht noch verändernden Einfluss auf das weitere Umfeld der Universität. Schon heute offeriert eine US- Firma den Studienanfängern, die sie auswählen, eine Halbtagsstelle während des Studiums, um diese Kandidaten nicht nur kennen zu lernen, sondern auch für das Unternehmen zu motivieren .Natürlich versuchen sie, sich die besten auszusuchen. Das könnte Schule machen und auch andere insbesondere Großunternehmen dazu motivieren, diesen Ausbildungsweg mit der Tätigkeit in der Praxis zu unterstützen. Durch ein online- Studium wäre Halbtagstätigkeit und Studium besser zu koordinieren. Der Nebenjob des Auffüllens von Regalen im

Supermarkt entfiele - ist ja nicht unbedingt so interessant und sinnvoll wie eine dem zukünftigen Beruf nahe Tätigkeit in einem Unternehmen. Es wäre nicht nur naheliegend, Studienanfänger früh an ein Unternehmen zu binden, sondern sogar ihnen die Möglichkeit zu geben zu erkennen, welcher Art ihr späterer Beruf sein oder welche verschiedenen Berufswege es geben könnte. Vielleicht wird sich dann doch der/die Kandidat/In es wagen auch einen Ingenieursberuf zu ergreifen, zu dem er/sie sich zuvor nicht hatte durchringen können.

    Diese Kombination erzeugt noch weitere Vorteile:

- Ein Arbeitgeber kann die Fortsetzung des Arbeitsverhältnisses von einem bestimmten Studienerfolg abhängig machen. Das wiederum könnte sehr motivierend für die Studierenden sein.

- Der Arbeitgeber stellt jüngere, gut ausgebildete Mitarbeiter (etwa ehemalige Universitätsassistent/Innen) für einen kleinen Teil ihrer Arbeitszeit bereit, die jungen Studierenden zu beraten oder zu betreuen. Dadurch könnten ggfls. Irrwege im Studium verringert werden, oder Anregungen für interessante Fachkombinationen könnten das Studienergebnis positiv beeinflussen. Die betriebliche Tätigkeit kann auf das Studium ausgerichtet werden.

- Studienarbeiten können zwischen dem Arbeitgeber und dem Lehrstuhl der Universität abgestimmt werden

Heute ist der/die Student/In zum Studium eingeschrieben für ein Semester eines Studienganges und belegt die erforderlichen Vorlesungen. In vielen Studiengängen ist ziemlich genau festgelegt, welche Vorlesungen zu hören sind, bzw. wann die Prüfungen abgelegt werden müssen, um rasch das Studiumsende zu erreichen. Heute gelingt meist nur unter Schwierigkeiten, etwa im Bachelor- Programm eine bestimmte Vorlesung einer anderen Universität in das Studienprogramm zu integrieren bzw. zu nutzen, um das Lehrfach an der Universität des hauptsächlichen Studiums zu substituieren. Dies ist auch eine Folge der örtlichen Bindung. Diese wäre mit einem online-Studium aufgehoben und die Inhalte der angestrebten Vorlesung der alternativen Universität könnten ja auch begutachtet werden, ob sie im Niveau den Anforderungen entsprechen.

Noch einen Schritt weiter gedacht, kann diese heutige enge Bindung der Teilnehmer im online-Studium gelockert werden, da für den Bachelorgrad eben bestimmte Prüfungen ggfls. auch von anderen Universitäten vorgelegt werden müssen, um dann das Gesamtprüfungsergebnis zu ermitteln. Dabei könnten auch äquivalente Vorlesungen ausländischer Universitäten mit eingeschlossen werden (ganz im Sinne der „Bologna- Reform"). Die heute bestehende enge Bindung des Studierenden im Studiengang an die Universität würde gelockert .

Die einzelnen wichtigen Vorlesungen einer Studienrichtung stünden im direkten online-Wettbewerb. Dies eröffnet noch eine weitere Dimension: Wie wird sich die online-Vorlesung strategisch im Markt und Wettbewerb verhalten?

Online- Vorlesungen haben eine Struktur, die einem typischen Software-Geschäft entspricht: Hohe Anfangsinvestitionen, hohe Skalierbarkeit bei geringen Kosten und als Achillesverse die Komplexität, sofern das Softwareprogramm nicht sehr gut und klar strukturiert ist. Gut geführte Softwaregeschäfte führen zu hoher Angebotskonzentration, weil die Erfahrungsvorteile führender Anbieter mehrfach Wettbewerbsvorteile generieren. Dies ist am Erfolg vieler relativ junger Geschäfte des Internetzeitalters zu ersehen. Eine Anbieterkonzentration zu einzelnen Vorlesungsthemen wäre somit zu erwarten. Das könnte zu Standards in den wichtigen Fächern führen, die über das Internet kostenfrei angeboten werden und von zu Hause aus erarbeitet werden können, je nach Grad der bisherigen Ausbildung - eventuell mit lockerer Anbindung an eine Universität für Seminare und Prüfungen. Es ist volkswirtschaftlich nicht erforderlich oder sinnvoll zig nahezu identische Vorlesungen mit dem gleichen Ziel der Ausbildung im Grundstudium im deutschsprachigen Raum aufrecht zu erhalten, um sie traditionell an den verschiedenen Universitätsstandorten zu lesen. Eine neue Zwischenschicht an Ausbildung könnte entstehen, die je nach Studienziel dieses Grundstudium anbietet, bevor mit dem Studium an der Universität dann de facto begonnen wird und die weitgehend selbstständig erarbeitet werden sollte – bzw. ein neues Gebiet für junge Dienstleistungsunternehmen darstellen könnte, die diese Studienanwärter unterstützen können; kurzum Beispiele dass sich die Strukturen verändern –

ähnlich der Veränderung der Telekommunikationsbranche.

Das online- Studium könnte während des Grundstudiums zu einer partiellen Deregulierung der bestehenden monolithischen Universitätslandschaft führen und damit auch die Universität selbst stark verändern, beginnend mit der Definition der Aufgaben der dort Lehrenden und Forschenden. Die heutige Form der Universität käme erst mit dem Masterprogramm oder bei den großen Studienarbeiten wieder ins Spiel. Die ehemals monolithische Telekommunikationslandschaft wurde ebenfalls mit der neuen Technologie aufgebrochen und erst dadurch konnte der Datenverkehr sich so stark entwickeln mit dem Internet und den ganz neuen Branchen und Firmen schaffen.

IX

Zusammenfassung

Bisherige Erfahrungen mit online- Vorlesungen deuten darauf hin, dass mit ihrem Einsatz (insbesondere der Grundlagenvermittlung) die Effizienz der reinen Wissensvermittlung gesteigert werden kann und dass sie sowohl von Dozenten - wie auch auf Hörerseite - die Organisation ihrer Abläufe sich vereinfachen lässt. Dabei wird auf beiden Seiten der Zeitaufwand reduziert. Parallel kann einer beruflichen Teiltätigkeit eher nachgegangen werden, die ggfls. von an Nachwuchs interessierten Firmen zur Personalrekrutierung genutzt werden kann, die genau dafür Stellen ausschreiben und gleichzeitig dem Studierenden früher Berufspraxis zugänglich macht.

Online- Studium könnte einen innovativen Technologiesprung realisieren, in dessen Folge die Branche Universität nachhaltig verändern wird, wie dies auch bei wesentlichen Technologiesprüngen in anderen Branchen erfolgte. Ein Wettbewerb der online- Vorlesungen entstünde. Da es sich dabei um ein „Software- Geschäft" handelt, liegt nahe, dass dies vermutlich zu hoher Konzentration der Anbieter führt, wie bei anderen sehr bekannten Software - Geschäften auch, etwa Google, Facebook, etc. Online- Studiengänge wären auch geeignet, die Universitätsbudgets an Stellen zu entlasten, die nicht primär zur Wissenschaft beitragen um mehr Mittel für ihre eigentliche Forschungsaufgabe zur Verfügung zu haben.

Es könnte interessant werden, wie bzw. wie rasch sich die Universitäten verändern können. In den USA gewinnt dieses Thema großes öffentliches Interesse, auch im Hinblick auf neue Startups.

Anmerkungen

1*) Dazu u.a. auch: Plischko, R. Mediale Gestaltung von Vorlesungen in der medizinischen Ausbildung mit Hilfe eines Audience-Response- Systems, Diss. LMU 2006 auch mit dem Ergebnis, dass die Standardvorlesung auch gegenüber anderen Arten der Wissensvermittlung am wenigsten effektiv ist
Weitere Hinweise „eLearning in Unternehmen" Fachkonferenz des Münchner Kreises 20. Sept 2002 Prof. Mandl: „eLearning – auf dem Weg zu einer neuen Lernkultur und Prof. Harhoff: Verbreitung und Akzeptanz von eLearning - Ergebnisse aus zwei Befragungen
Sowie: Präsentation der Ergebnisse einer Vergleichsstudie im Sommer 2005 auf einer Konferenz der LMU für Interessierte aus der Industrie:; diese Studie war am Lehrstuhl Arbeitspsychologie der LMU München erstellt worden.

2*) Die bekannten Dezembervorlesungen von Prof. Sinn an der LMU über grundlegende aktuelle Themen zur deutschen Wirtschaft, wie etwa zum „EU-Rettungsschirm" oder der „Energiewende" sind danach auf Youtube zu sehen. Leider sind die Philosophievorlesungen von Prof. Eberhard Simons zu aktuellen politischen und gesellschaftlichen Themen aus Sicht seiner Philosophie nur lückenhaft dokumentiert worden und damit teilweise verloren gegangen.

www.ingramcontent.com/pod-product-compliance
Lightning Source LLC
Chambersburg PA
CBHW072045190526
45165CB00018B/1840